LA POLITICA DEL GUSTO

Karisma

Copyright © 2024 Karisma

Tutti i diritti riservati.

Codice ISBN: 9798326920164

RICHIESTE COMMERCIALI
KARISMA.PRESS@GMAIL.COM

MEHR LICHT!

Così si spense Goethe.

Che questo piccolo saggio possa illuminare una delle vostre giornate e scacci le tenebre della materia e della percezione.

CONTENUTI

	Ringraziamenti	V
1	L'OGGETTIVITÀ NEL GUSTO	6
2	STAR SYSTEM	11
3	L'ANGELO STERMINATORE	27
4	ΚΑΛΌΣ ΚΑΊ ἈΓΑΘΌΣ	36
5	L'ANTI-INTELLIGENZA	39
6	SCINTILLA DIVINA	45
7	VIBRAZIONI NEBULOSE	49

DOVEROSI RINGRAZIAMENTI

In primis alla redazione di Border Nights che ha trasmesso in anteprima un estratto di questo Saggio da me narrato nei loro canali principali di divulgazione.

In secundis, a voi tutti;
Vi sono grato per il vostro tempo e interesse.

CAPITOLO I

"L'OGGETTIVITÀ NEL GUSTO"

Come affermava Montesquieu, esistono due categorie di gusto: quello naturale e quello acquisito.

Ragionevolmente, oserei dire, egli sosteneva che il gusto naturale fosse quell'istinto che, per sua stessa definizione, indirizza inconsciamente verso determinati interessi (lettura, cinema, educazione, informazione), dando così origine al gusto acquisito.

Tuttavia, ciò che rende particolarmente intrigante la teoria di Montesquieu è il fatto che il contrario risulta essere ancor più veritiero.

Il gusto acquisito, cerca di plasmare ciò che naturalmente si ritiene gradito o affine a noi, utilizzando i propri interessi come strumento e metro di valutazione per modellare ciò che, per natura, si troverebbe interessante.

A favor di questa tesi mi viene in soccorso una personale esperienza, che tengo a condividere senza indulgere in sterile elitismo: la lettura de 'Le Notti Bianche' di Dostoevskij o le opere di fantascienza di Philip K. Dick, così come gli scritti di Nabokov, E.M. Cioran o Pasternak.

In questi, e molti altri frangenti, mi trovai costretto ad ammettere che tutto ciò che avevo precedentemente letto necessitava di essere rivalutato e riesaminato sotto una luce più critica (nel caso di Dick, molta della fantascienza trasmessa e narrata nei tempi contemporanei era stata anticipata da lui nelle sue visionarie opere. Risulta quindi difficile non assopirsi di fronte all'Interstellar di turno).

Il mio gusto subì un notevole affinamento.

Ricordo essere necessario per lo sviluppo dell'onestà intellettuale nel campo della critica o del riconoscimento dell'oggettività, stabilire dei punti di confronto. Questo appare ovvio, quasi scontato. Anche un bambino abituato alle modeste chiese del proprio paese rimarrebbe stupefatto di fronte alla grandiosità di San Pietro o del Taj Mahal.

Pertanto, una volta stabilite le premesse di questa verità, posso affermare con certezza che esiste la possibilità di affinare il proprio gusto e, di conseguenza, riconoscere qualcosa che gode intrinsecamente di valore superiore.

Chiaramente, non intendo parlare del gusto in termini culinari - se si preferisce un kiwi a una banana, questa è una preferenza personale e incontestabile.

Mi riferisco piuttosto alla necessità di giudicare oggettivamente un'opera di ingegno secondo determinati criteri, poiché è proprio di criteri oggettivi che stiamo discutendo.

Dobbiamo sempre ricordare che l'arte è un linguaggio d'invenzione umana, così come ogni idioma, e vive quindi di regole proprie.

Un linguaggio che non può essere necessariamente comprensibile da tutti, come tutti gli altri linguaggi. Ad esempio, io non conosco la lingua francese. Ciò non rende la lingua francese meno oggettiva o funzionale per la comunicazione.

Tuttavia, cercare di far passare ogni linguaggio come un'arte è un atto di grande sfrontatezza e audacia, nonostante i numerosi tentativi fatti per convincere di ciò.

È entrata infatti nell'immaginario comune "l'arte dei comandi militari", quindi l'idea di "ARTE DELLA GUERRA" (Sun Tzu, V-IV a.C.), quindi l'arte della distruzione.

Al contrario delle credenze avanguardistiche dei futuristi italiani del '900, per me tutto ciò è quanto di più lontano possa esistere da ciò che definisco arte. La morte, l'annichilimento e la distruzione di corpi e anime non generano nulla.

E il nulla non può essere considerato arte.

Tuttavia, dobbiamo riconoscere che qualcuno venne certamente ispirato dalle nefandezze della guerra. Come nel caso di Picasso con il suo 'Guernica' o Max Ernst con 'L'Angelo del Focolare' (entrambi 1937).

Ad ogni modo, nonostante l'affetto e l'ammirazione che potrei provare per le opere in questione, avrei preferito un mondo senza di esse e senza l'annientamento di persone innocenti.

Non è necessario questo grado di malignità per creare.

Negli stessi anni, Giorgio Morandi dipingeva incessantemente nature morte, come se fosse un estraneo al mondo circostante, nonostante avesse vissuto due guerre mondiali.

CAPITOLO II

"STAR SYSTEM"

Appurato, quindi, sia necessario riconoscere l'esistenza di regole e oggettività per poter discutere o giudicare un'opera d'arte, la mia critica si fa più aspra verso chi nega l'esistenza delle suddette.

In particolare, osservo in quest'epoca un costante desiderio e necessità di mascherare le proprie lacune culturali dietro il cosiddetto "Velo di Maya" di Schopenhauer, il velo dell'illusione.

È sempre più frequente l'uso della fallace, codarda e vigliacca carta della "soggettività" da parte di coloro che non hanno la volontà o l'interesse di approfondire ciò in cui inconsapevolmente affondano.

Persino per giudicare il kiwi menzionato in precedenza, è necessario preservare l'integrità del proprio gusto, che potrebbe risultare compromesso, ad esempio, da una febbre troppo alta. Per lo stesso motivo, non potrei affidarmi a un cieco per la disamina di un'opera pittorica.

L'assenza totale di una cultura artistica non sarebbe un problema se non fosse che una generale decadenza culturale influisce sulla qualità della vita del singolo, e di conseguenza, quindi, sull'intera coscienza collettiva.

È noto, "grazie" anche agli esempi dei dittatori del passato, quanto siano potenti i mezzi cinematografici nel plasmare le masse.

(Ricordo che molti di loro furono appassionati dell'opera letteraria di Gustave Le Bon, 'Psicologia Delle Masse').

Persino Hitler considerava il cinema il mezzo più efficace per la propaganda e non si può di certo dire si sia sbagliato o abbia fallito nella sua impresa di convincimento.

È evidente che una riduzione della qualità delle produzioni destinate al pubblico porti inevitabilmente a un declino etico e morale, tanto quanto una dieta di sole caramelle porti al deterioramento dei denti, e oltre.

Prima di procedere con la mia personale arringa, è essenziale fissare ulteriori saldi presupposti.

Il primo, cruciale, è che la classe dirigente è ignorante.

Per qualche motivo a me ignoto, si presume che chi ci governa non solo agisca per il nostro bene, ma che abbia una conoscenza superiore alla media. Forse è vero, ma si tratta di un'altra forma di conoscenza, quella che ti mette sulla strada facile verso "la poltrona", mentre la strada verso la verità e la cultura (mi) risulta essere l'esatto opposto.

La classe dirigente, se mai volesse effettivamente diffondere cultura tra il popolo, non saprebbe nemmeno da dove cominciare.

E sottolineo "se mai volesse".

Non esiste interesse, capacità o, soprattutto, volontà da parte del governo (qualsiasi esso sia, dato che per definizione non esiste un governo magnanimo) di istruire e alfabetizzare le persone alla vera bellezza.

Chi si trova nella "stanza dei bottoni" (che non è, in ogni caso, il governo a noi visibile) è ben conscio di quanto possa essere pericolosa un'idea pura, un'idea di libertà, un'idea che sproni alla ricerca.

Non c'è nulla di nuovo in questo. Non diversamente da come descriveva il governo Machiavelli ne "Il Principe" 500 anni fa, ritengo, quindi, ogni forma di potere un progetto machiavellico (come ampiamente dimostrato dal 'Progetto Milgram' del 1961 o dall'esperimento carcerario di Stanford condotto da Philip Zimbardo nel 1971).

Il secondo presupposto fondamentale è che le persone ignorano come gran parte di ciò che considerano rilevante in termini artistici (serie TV e musica, in particolare) sia costruito, imbellettato, impomatato e promosso per abbassare in toto il loro livello di coscienza.

È il prodotto della piramide invertita del potere, ed è prodotto su misura. Sulla misura delle masse. Un abito sartoriale progettato non per proteggerle, ma per contenerle - quindi stretto nei punti giusti, che rende impossibili i movimenti, rende impossibile pensare ad altro se non all'impossibilità di azione, all'impossibilità di vedere oltre la coltre di fumo innalzata dalle controiniziatiche ideologie, lontane dalla gnosis, lontane da ogni logica.

Il tutto, agli occhi più attenti, ricorda inevitabilmente una fabbrica.

È come una catena di montaggio al contrario: anziché creare qualcosa di utile partendo da poco, prende ciò che è già perfetto, ciò che è divino, e lo distorce nel peggiore dei modi.

Ciò che era una volta armonico, sensato, tondo, completo, viene riflesso in uno specchio deformante da luna park, alterandone completamente l'immagine.

L'atto di immedesimarsi in questo riflesso ti frammenta nell'essenza stessa, come se ti tuffassi tra le molecole di vetro, frastagliando la tua anima e riducendoti a un orribile frattale congelato formatosi da vibrazioni demoniache.

È, appunto, una produzione. Non a caso, prima di ogni spettacolo prodotto da, ad esempio, Netflix compare il marchio di fabbrica "A NETFLIX ORIGINAL, "Una Produzione Netflix", quasi a cercare di conferire una sorta di legittimità a ciò che stai per vedere, o giustificazione. È come se volesse farsi bello, come un pavone che espone la sua ruota di colori.

Ed è qui che risiede la sostanziale differenza: un Artista CREA, un'azienda PRODUCE.

Di questi show, non si riconosce mai il regista, né il direttore della fotografia, né un'idea che non sia impregnata di qualche corrotto ideale, non si riconosce la mano di chi dovrebbe essere un artista perché, gli "artisti", hanno abbandonato questo ruolo per diventare mestieranti.

Il tutto è eccessivamente ornato, generalmente da qualche bel visino incapace di recitare, forse da qualche attore in voga in quel dato momento, dalla pubblicità martellante in ogni inquadratura, per mascherare le evidenti mancanze di forma e sostanza.

D'altronde, non ti mangeresti mai una pillola di veleno, se non fosse ricoperta dal miele che ne nasconde il vero orribile tanfo e il sapore letale.

Il miele, in questa circostanza, si cristallizza nelle forme di "musica", "cinema", serie TV... Ogni ideologia è velata, dolcificata, resa accessibile, consumabile, promossa, condivisibile dalla moltitudine, assimilata, ma mai veramente metabolizzata. Non si può metabolizzare il veleno, e proprio come un simbionte che si appropria delle tue risorse, diventi tu stesso la creatura mostruosa.

Un parassita non uccide mai il corpo che lo ospita, altrimenti morirebbe a sua volta.

Così ti sottrae ogni energia, lasciandoti solo il minimo essenziale per sopravvivere e continuare a propagandare becere idee, estasiato dalla scoperta di una subcultura ne diventi paladino e suddito al tempo stesso.

Immerse inconsapevolmente in questo contesto, le persone, basano i propri gusti e le proprie abitudini su ciò che viene loro proposto dalle varie piattaforme di streaming o dalla televisione (proposto in baso ad algoritmi e/o mode del momento, sia chiaro).

Una moda non vince la prova del tempo, il genio sì. Per lo stesso motivo si legge ancora Shakespeare, mentre degli ultimi film Marvel se ne ricorderanno solo gli incassi.

Di fatti, sfido chiunque sia fruitore di queste piattaforme a nominarmi le ultime produzioni da egli visionate. Non solo non ne ricorderà neppure la metà, poiché prive di ogni rilevanza artistica, forma e pensiero, ma subdolamente avranno contribuito alla corruzione generale del soggetto (e oggetto) in questione.

Non a caso, i "cantanti" preferiti dalla moltitudine sono quelli che più spesso partecipano ai festival, come può essere il festival di Sanremo in Italia.

Un festival che dovrebbe essere "della musica", per definizione, ma che non è altro che un enorme think tank, contenitore di tutte le ideologie e mode che verranno perpetrate e reiterate nel corso dell'anno a venire.

Un qualcosa che è famoso solo perché famoso. Un qualcosa di inaccettabile, soprattutto per gli amanti della musica. Dato che la musica, lo dovrete accettare, si trova altrove.

Chiunque partecipi a tali festival è spesso un prodotto dell'industria, un personaggio costruito attraverso qualche "talent" e sfruttato fino a quando non sarà deciso che la moda dovrà cambiare, spingendo nuovi volti e relegando i vecchi (di soli 2-3 anni, non di più, sia ben chiaro) all'oblio.

In merito, i "talent show" non dovrebbero nemmeno esistere.

Il genio viene universalmente riconosciuto con il tempo. Quello che fa il "talent" è amputare il processo di miglioramento di un artista e imboccarlo alle masse così com'è, settando un nuovo standard per chiunque sia creatore o fruitore dell'arte in questione.

Se un cantante viene premiato nel talent show più famoso nel paese in cui si svolge, quel determinato artista sarà il perno su cui ruoterà tutta la produzione futura di musica, fino a quando non verrà eletto un nuovo "vincitore", che lancerà una nuova moda e via discorrendo.

Ma chi mai potrebbe legittimare i criteri con i quali viene premiato un determinato artista in un determinato talent show?

Chi lo ha premiato?

Chi può dimostrare che non ci sia stata manipolazione da parte degli autori del programma?

Lo stesso vincitore, avrebbe vinto anche in un altro talent?

E dubbio ancor più lecito e rilevante, in base a quale principio di autorità un talent show dovrebbe dettare la direzione che l'arte dovrebbe seguire da quel momento in poi e decidere di premiare solo chi vi si conforma?

Mussolini disse: "L'Arte appartiene al dominio dell'individuo".

Ed era un dittatore.

In questo (ri)ciclo, chi credete essere rappresentante della musica del vostro Paese, non è altro che un portavoce.

Potrebbe essere efficace introdurre i consumatori passivi alla lettura degli scritti di Masaru Emoto ('Il miracolo dell'acqua', 2007), che trattano degli effetti delle parole e della musica su di noi, in altre parole, di ciò che vibra.

Come suggeriva Nikola Tesla, per penetrare nei segreti dell'universo, bisogna concepirlo in termini di energia, frequenza e vibrazione.

Tutto ciò che esiste, vibra. Anche se non ne siamo consapevoli, persino un sasso vibra.

La nostra incapacità di percepirlo deriverebbe dal fatto che tale vibrazione ricade al di fuori della nostra gamma udibile, compresa tra i 20 e i 20.000 hertz. Al di là di questa gamma, l'essere umano non può percepire le vibrazioni.

Tornando ai suoi esperimenti, in poche parole, Emoto congelava l'acqua e analizzava i cristalli risultanti al microscopio, fotografandoli.

Constatò quindi che i frattali esposti a musica di bassa qualità o a parole negative apparivano spezzati, incompleti, deformati.

Al contrario, i frattali generati da energie positive assumevano forme magnifiche, complete, primitive, proprio come i suoni della natura, che si rivelano sempre perfetti.

Non è un caso che alcune delle nostre parole riguardanti eventi meteorologici o naturali imitino il suono primordiale dell'evento stesso, e per questo motivo risultino simili in tutte le lingue del mondo.

"Non a caso" dice Emoto le parole "umore" e "umidità" derivano dallo stesso vocabolo latino. Anche gli antichi si rendevano conto che, con acqua a sufficienza, le persone hanno il cuore più leggero e riescono ad apprezzare l'umorismo, mentre questo tende a scomparire quando l'umidità diminuisce".

Potremmo quindi dedurre che l'acqua, carica di vibrazioni positive, si fa veicolo e ricettacolo di felicità e benessere, oppure, l'esatto opposto.

Ora, essendo tu composto al 60% da acqua, puoi facilmente capire quanto la tua integrità sia vulnerabile al genere di vibrazioni a cui ti esponi.

Fai la tua scelta.

Il discorso, come accennato, si estende a varie branche dell'industria dell'intrattenimento.

Amo il cinema, ma nutro un profondo disprezzo nei confronti degli Oscar; si tratta di un circolo elitario in cui miliardari si autocongratulano, premiando(si), non a caso, nel 99% dei casi, produzioni statunitensi come il famigerato 'Top Gun' (a proposito, finanziato e promosso dalla Marina Militare e dal Dipartimento della Difesa degli Stati Uniti - è evidente quanto l'atto stesso del premiare simili ideologie trasmetta un messaggio al resto del mondo: "se non sei dalla nostra parte, siamo ben giustificati nel portare la NOSTRA democrazia nel tuo paese, a suon di bombe").

È interessante notare come le ultime pellicole (auto)proclamate vincenti siano state 'Oppenheimer' (film sulla bomba atomica) e 'Barbie' (propaganda femminista della peggiore specie).

Riguardo a questa mia ultima esternazione, ritengo necessario precisare le mie posizioni.

Anche un bambino auspicherebbe che entrambi i genitori (madre e padre) godano degli stessi diritti.

Rivolgo il mio sdegno a coloro che hanno preso 'Barbie' come simbolo della propaganda femminista.

È un atteggiamento ridicolo e incompatibile con qualsiasi concetto legittimo di *puro* femminismo.

La stessa bambola ha instillato nella memoria collettiva lo stereotipo della donna "perfetta": alta, bionda, con gli occhi azzurri.

Qualsiasi ulteriore variazione della suddetta non mira certo all'inclusività e alla rappresentanza, bensì a incrementare le vendite di gadget anche tra coloro che non corrispondono a quel modello. Si potrebbe dedurre, quindi, che qualsiasi ulteriore variazione nel gusto contemporaneo, non miri certo al gusto di per sé, ma all'inclusività e alla rappresentanza di fasce minoritarie che vorrebbero maggiori diritti di tutti gli altri esseri viventi.

Le fasce minoritarie in questione, vorrebbero, oltre che a diritti maggiorati e inviolabili (ma solo per loro conto), anche la possibilità di godere di ogni vizio che meglio le rappresenterebbe.

Non si è forse arrivati a legittimare la compravendita di bambini? Svariate strutture offrono la discutibile pratica della "gestazione per altri" (evitando il termine "utero in affitto" per allinearci alle politiche vigenti), con prezzi variabili a seconda delle caratteristiche dei neonati, come il colore dei capelli e degli occhi (le bambine bionde con gli occhi azzurri sono quelle che costano di più! – ironico, se si pensa al sopracitato caso Barbie).

E non si è forse arrivati a ponderare l'idea e la possibilità di abortire durante il nono mese di gravidanza? Di questo passo, mi aspetto che a breve venga presentato il conto al nascituro, prima di decapitarlo al grido di "Libertà!".

Sia chiaro; più che legittimo interrompere la gravidanza se frutto marcio di una violenza. Ma ciò non dovrebbe permettere a nessuno di poter parlare di un feto come di una borsa, di cui possiamo disfarcene sollevandoci da ogni genere di responsabilità morale.

Chi parla di aborto di un'anima con leggerezza nel cuore, ha perso la propria scintilla divina, è qualcuno oramai integrato, assimilato totalmente e rappresentato ma disperso nel mondo della materia. Un qualcuno (o qualcosa, ormai) che ignora i meccanismi divini, un qualcosa che esiste solo perché c'è spazio nel mondo.

"Il corpo è mio e decido io cosa farci", è il mantra.

Tuttavia, sembra che questo principio valga solo fino a quando non vengano imposte terapie geniche sperimentali a tappeto, violando ogni stato di diritto e diritto fondamentale di ogni essere umano. A parte questa *massiva* contraddizione, il concetto è corretto.

Ma per quanto riguarda il corpo "dell'altro"? Quel corpo è ciò che eri tu, ciò che ero io, ciò che eravamo tutti noi.

Se, per un tuo trascurare, non hai preso le necessarie precauzioni per evitare una gravidanza, con quale mancanza di spirito e incomprensione del divino potresti pensare di sollevarti da ogni responsabilità?

Questo non è altro che il prodotto della tanto decantata (e finta) democrazia. Una democrazia che illude sulla propria libertà concedendo il permesso di compiere folli atti, come il "cambiare" sesso biologico o persino negarlo, ma che, ironicamente, censura qualsiasi dubbio sollevato contro di essi.

È una democrazia che nega la libertà di esprimere pensieri divergenti, etichettando nel modo più spregevole chiunque osi discostarsi dalla narrativa del regime.

A tal riguardo, una lezione di stile la offre Steven Spielberg con il suo 'The Post'. Un gioiello di cinematografia che mette in risalto la pura figura di Donna.

Pellicola che nelle fasi finali regala l'immagine di un mondo che ormai ha smesso di esistere:

"I Padri Fondatori diedero alla libera stampa la protezione che le spetta per svolgere il suo essenziale compito nella nostra democrazia. La stampa serve chi è governato, non chi governa".

CAPITOLO III

L'ANGELO STERMINATORE

Ciò che contesto, quindi, è la mancanza di onestà intellettuale nel riconoscere che non c'è più la volontà di cercare e affinare il proprio gusto, di guardare oltre le proprie mediocri comodità, oltre la prima pagina di Netflix e oltre le classifiche musicali.

Basare il proprio gusto sulle classifiche e sulle mode è tanto stupido quanto coloro che vi si affidano. Non si dovrebbe legittimare un pensiero solo perché ampliamento adottato dalla moltitudine. Ci sarebbero un'infinità di esempi sconvenienti a partire dalla teoria tolemaica, ma vorrei evitare di dilungarmi troppo su questo punto.

Come precedentemente menzionato, è più che legittimo e vitale ai fini dell'affinamento spirituale, fare dei paragoni tra le varie opere di ingegno. Tuttavia, credo che questo approccio possa essere esteso a tutte le sfere della vita: se conosci solo la luce del sole, ignorerai quella lunare, presumendo che il sole sia sempre l'unica fonte di illuminazione. Allo stesso modo, se hai accesso solo a una versione dei fatti su una questione, potresti darla per scontata e accettarla come verità assoluta, senza considerare altre prospettive.

Desidero offrire degli esempi non solo per sostenere le mie argomentazioni, ma anche per continuare nella mia missione di condividere ciò che considero intrinsecamente bello. Se si tratta di promuovere l'Arte, in ogni forma che conosco, lo faccio sempre con grande diletto.

Un'opera cinematografica passata in sordina, sconosciuta al grande pubblico, ma adorata da chi ama il cinema, è 'L'Angelo Sterminatore' (El ángel exterminador,) diretta da Luis Bunuel nel 1962.

Quando consiglio quest'opera a un mio contemporaneo, noto una smorfia restia, di diffidenza, perché la pellicola si presenta in bianco e nero. La scusa per non godere della bellezza di opere del genere risiede nelle frasi come "ma è vecchio", "non mi piacciono i film in bianco e nero", "i film vecchi mi annoiano".

Qui vi è una grossa fallacia, che credo potrebbe impossibilitare all'interesse dell'arte chiunque decidesse di diventarne propugnatore.

Non capisco come si possa considerare un film vecchio solo perché in bianco e nero. Limitare la palette di colori agli estremi opposti di essa potrebbe rappresentare una scelta stilistica (altrimenti non avremmo opere recenti in bianco e nero), oppure potrebbe essere motivata dai simbolismi presenti nella pellicola.

Sappiamo come il bianco e il nero siano stati utilizzati non solo nell'ambito pittorico, ma anche nel mero campo descrittivo e atavico dell'iconografia religiosa, e non solo.

Una superstiziosa favola descriveva così la differenza tra i due colori in visione iconografica: un uccello, il corvo, per essere precisi, era bianco come la veste di Cristo, ma decise di iniziare a raccontare bugie. Dio, quindi, lo rimproverò per la sua eccessiva tracotanza esclamando "Da ora in poi sarai nero come la notte, proprio come è nera la tua anima" e gli scagliò contro un legno carbonizzato, lasciandogli così una grossa macchia scura sul piumaggio impossibile da rimuovere.

Da quel giorno i corvi furono neri.

L'altra falla logica risiede nella loro considerazione di invecchiamento. Si considera vecchio qualcosa di 50 anni fa, perché si è ormai abituati (non io, sia chiaro) a rigurgitare informazioni superflue ogni ora, nuovi trend ogni settimana e nuovi volti a cui ispirarsi (rinnovo la mia esenzione da codesto funesto meccanismo) ogni paio d'anni.

È sorprendente, però, notare che la maggior parte delle persone faccia la fila per vedere la Monna Lisa, nonostante sia molto più antica del film menzionato.

Ma perché succede questo? Principalmente per le ragioni che ho già spiegato, soprattutto l'influenza dei gusti modellati dalle classifiche.

È importante chiarire che l'opera di Leonardo è oggettivamente di una qualità eccelsa e superiore alla gran parte di tutte le altre creazioni artistiche esistenti.

Tuttavia, quanti sanno effettivamente perché la Gioconda è diventata così celebre? Come accennato, non possiamo ignorare l'indiscussa qualità dell'opera di Leonardo, ma potrei facilmente citare un'altra sua opera di qualità superiore, presente nello stesso museo in cui vi è conservata la 'Monna Lisa' (il Louvre di Parigi): la 'Vergine delle Rocce' (1483-1486. Una seconda versione del dipinto è attualmente presente alla National Gallery di Londra).

È straordinario notare come questa opera sembri quasi trascurata rispetto alla celebre Gioconda.

Per meglio comprendere la situazione, è necessario un piccolo excursus.

Durante i primi anni del 1500, precisamente nel 1503, Francesco del Giocondo, un mercante di seta fiorentino, commissionò a Leonardo da Vinci il ritratto di sua moglie, Lisa Gherardini, conosciuta anche come Lisa del Giocondo, da cui in seguito derivò il nome "Gioconda".

Sappiamo, però, che l'opera non venne mai consegnata ai committenti, e sulle motivazioni vi è una grossa ombra di perplessità.

La prima tesi, ampiamente accettata, suggerisce che Leonardo fosse un perfezionista e non completò il dipinto prima del 1517, ben oltre dieci anni dopo dall'inizio della creazione, portando "i Giocondo" a ritirarsi dalla commissione.

La seconda tesi sostiene che i committenti non potessero più permettersi di pagare il quadro, e quindi Leonardo se lo tenne. Questo lo trovo piuttosto improbabile.

La famiglia del Giocondo apparteneva all'alta società, quindi dubito fortemente non abbiano più avuto le finanze per pagare un quadro da loro stessi commissionato (tengo a ricordare che farsi immortalare da un artista fosse di per sé una chiara rappresentazione di status elevato nella società).

Una terza tesi suggerisce che Leonardo stesso si rese conto del valore straordinario dell'opera e si rifiutò di consegnarla. Esistono studi che dimostrano il motivo per il quale il sorriso della Gioconda risulti così tanto enigmatico: banalmente, non è un sorriso. Ma è qualcosa che lo sta per diventare. Fu un primo approccio all'arte concettuale, oserei dire.

Alla sua morte, Leonardo si trovava in Francia, e il suo allievo preferito, Salai, ereditò la sua collezione d'arte. Di conseguenza, Salai vendette l'opera al Re in carica, Francesco I.

Ma perché la Gioconda, ora, è così tanto famosa?
Beh, perché venne rubata.

Un Italiano, Vincenzo Peruggia, durante il mattino del 21 Agosto 2011, si intrufolò nel Louvre (dove l'opera risiedeva sin dal 1798, quando l'opera vi fu trasferita dal Palazzo di Fontainebleau), e trafugò il quadro.
Venne ritrovata solo nel 1913.

Il furto trasformò immediatamente il caso in un enorme scandalo mediatico, coinvolgendo anche la stampa internazionale durante il processo. Da quel momento in poi, la fama della 'Monna Lisa' crebbe in modo esponenziale.

Si riconfermano vere le mie tesi antecedentemente esposte, soprattutto se teniamo a mente alcuni particolari.

Il primo è che, sì, l'opera di Leonardo è straordinaria, ma esistono copisti che ne hanno realizzate versioni identiche.

Secondo particolare, questa mia previa affermazione trova conferma nella presenza di un'altra "Gioconda", esposta al Prado di Madrid, da cui il nome "La Gioconda del Prado", che presenta una qualità paragonabile a quella attribuita a Leonardo.

Si ipotizza che quest'opera possa essere stata realizzata da uno dei suoi allievi, dopo il

1519, quindi dopo la morte di Leonardo stesso. La Gioconda in questione risulta molto più "viva" se prendiamo in considerazione la scala cromatica, ma non perché sia più recente (come detto, venne realizzata poco più tardi rispetto all'originale), bensì perché ha subito restauri o interventi di conservazione, cose di cui la Gioconda di Leonardo non potrà godere a causa della sua iconicità e riconoscibilità nell'immaginario collettivo.

Le varie screpolature, il tono leggermente giallastro e meno vivido della tela, e altri dettagli di questo genere sono caratteristiche, oramai, intrinseche dell'opera di Leonardo.

Inoltre, non solo la Gioconda di Leonardo non verrà restaurata per motivi etici, ma anche per motivi economici. L'industria dei gadget a tema Gioconda, come magliette, tazze e poster, è estremamente vasta, e un restauro comporterebbe un cambiamento totale dei colori e delle caratteristiche dell'opera, influenzando il valore commerciale e l'immagine iconica che la Gioconda rappresenta per la massa.

È importante comprendere che all'epoca gli artisti lavoravano spesso in botteghe, dove i giovani allievi talentuosi contribuivano alle commissioni dei maestri. Non è da escludere che parti significative della Gioconda, come i fondali, siano state dipinte dagli allievi di Leonardo anziché dall'artista stesso.

I meno avvezzi alla materia si scandalizzano di fronte a questa realtà, ma era una pratica molto comune all'epoca. Addirittura, alcuni maestri facevano realizzare interamente le opere ai loro allievi, firmandole poi a proprio nome, prendendosene il merito.

A onor del vero, io stesso ritengo questa pratica poco affine alla mia percezione di Arte. Per quanto mi riguarda, questo modus operandi ricorda una fabbrica o una multinazionale come Netflix. La forza lavoro è fatta da mestieranti, e a opera compiuta, viene siglata con chi l'ha commissionata. Il risultato può essere artistico, ma chi è l'artista? Questo quesito richiederebbe un altro saggio per snocciolarne l'essenza.

Chissà!

CAPITOLO IV

ΚΑΛΌΣ ΚΑῚ ἈΓΑΘΌΣ

Ora, non si può di certo negare che non esista una bellezza universale. Platone lo suggeriva già nel Simposio, dando voce ai partecipanti del "banchetto" per districare la distinzione tra bellezza comune e bellezza divina. Egli stesso sosteneva che tutto ciò che risiede sulla Terra non sia altro che un riflesso sfumato della vera bellezza universale, di cui godiamo soltanto una minuscola frazione.

Poiché sono stato onesto finora, non posso esimermi dal continuare ad esserlo.

Bisogna riconoscere che circoscrivere il concetto di "bellezza" è un compito oggettivamente arduo, poiché l'origine della parola stessa sfugge alla nostra comprensione. Dobbiamo quindi affidarci a linee di pensiero, che personalmente ritengo le più attendibili, applicabili e condivisibili. Difatti, noi (popolo italiano, e oltre) siamo più Greci di quanto crediamo di essere. Inconsciamente, abbiamo assimilato la filosofia del "kalòs kai agathos", ovvero consideriamo bello ciò che è buono. "Buono" non solo in termini morali, ma anche in termini plastici.

Un esempio universale può essere l'esternazione "che bella strada!". Chiaramente non ci si riferisce alla suddetta come a un Bouguereau (la riterrei oltremodo un'audace esternazione), ma come di un qualcosa che incarna la promessa per la quale la strada è stata costruita.

I nostri nonni potrebbero aver definito "bella" una strada che migliorava il collegamento con il centro della città, che facilitava la ricezione giornaliera del giornale, o la consegna di latte e uova, ma che ora noi consideriamo in stato decadente e fatiscente, proprio perché non porta più in sé le qualità della suddetta. Gli esempi potrebbero essere infiniti: "che bel martello", "che bel piatto di pasta", e così via.

Ma qui, i miei detrattori, non potrebbero forse obiettare che sto ammettendo l'esistenza di soggettività?

Ciò è vero, sì, ma non si sta parlando di opere d'arte. Come menzionato nel primo capitolo, ti può piacere tutto.

Esistono i coprofagi, che scambierebbero volentieri una crema alla nocciola per la loro pietanza preferita, e non esistono criteri per assegnare la ragione a chi potrebbe contestare la sua preferenza.

Ma noi, come detto, stiamo parlando di arte, di linguaggio, di regole. Non per niente in qualsiasi manuale d'arte che si e la rispetti, saranno menzionati i suoi "fondamentali".

CAPITOLO V

L'ANTI-INTELLIGENZA

Constatata la mia quasi totale rassegnazione di fronte ai mediocri, ho relegato a un livello ancora inferiore i sostenitori della cosiddetta "intelligenza artificiale" come strumento per creare arte.

Nei campi in cui opero, ossia nell'arte contemporanea, l'intera questione sta diventando il nuovo Dio. E sappiamo bene cosa succede quando si esclude la possibilità di dubitare di qualcosa, come è successo in epoca recente: la scienza, quando non viene sottoposta a revisione, diventa dogma.

Sia chiaro, non sono un passatista come potrebbe sembrare.

Sono grato all'Occidente per alcune delle sue scoperte e invenzioni, che hanno sicuramente agevolato la vita dei pittori e non solo.

Un'automobile, per me, è un fantastico osservatorio. Ma non più di questo (tra le altre cose, a un certo punto, anche la pittura a olio sarà risultata come un nuovo medium. Lo avrebbero dovuto bandire per partito preso? Chiaramente no).

Tuttavia, devo contestare il costante sviluppo della questione in direzioni a dir poco discutibili.

È necessaria una distinzione tra il termine "progresso" e il termine "sviluppo".

Una relazione amorosa può SVILUPPARSI in una rottura. Al contrario, per definizione, potrebbe PROGREDIRE in un matrimonio o in una collaborazione ancora più stretta tra i coinvolti.

Per me, un Occidente che inventa una bomba atomica capace di polverizzare l'intera civiltà non sta progredendo. Anzi, il progresso mira all'umanità, non alla sua distruzione.

Ecco perché ritengo, come menzionato in precedenza, che la possibilità di cambiare il proprio sesso di appartenenza sia un vizio che va oltre ogni logica.

Poterlo fare non è progresso, è uno sviluppo dell'umanità nella direzione sbagliata, verso il suo annichilamento - non solo in termini plastici, ma anche in termini coscienziali.

Se non riesci a identificare e riconoscere il tuo corpo nella materia, cosa banale e semplice, significa che hai sbagliato tutto. E sbagli ancor di più quando decidi di voler provare a far Dio.

Potrei deflagrare ogni argomentazione a favore dell'intelligenza artificiale come strumento per creare arte, dicendo che NON può esistere intelligenza dove non vi è coscienza.

Un martello non può essere intelligente, ma può essere intelligente l'invenzione dello stesso o l'utilizzo che si decide di farne.

Il detrattore medio vi dirà "quindi un albero non è intelligente", e non potrete fare altro che ridere e andarvene. Pretendete che questo soggetto non esista, perché è probabilmente vero. Non riconoscere il progetto intelligente dietro ogni forma vivente è sintomo di totale cecità difronte alle evidenze. È simbolo di completa mancanza di raziocinio, quindi evitate di perdere tempo.

Forse i suddetti detrattori ignorano che la scienza moderna non sia ancora riuscita a dimostrare che la coscienza sia direttamente insita nel cervello. La coscienza risiede altrove, ed è relegata agli esseri viventi. Quindi una macchina dotata di un cervello meccanico non sarà cosciente e quindi non potrà essere, per definizione, intelligente.

E ancora, forse, le persone si stanno dimenticando (o non l'hanno mai conosciuta) l'origine del termine "robot".

"Robot" deriva da un termine ceco "robota", che significa "lavoro pesante".

Non comprendo come si sia riusciti a ignorare in toto il significato del termine a nostro svantaggio e applicare la presenza di queste macchine come nostre protesi per fare qualsiasi genere di attività. Orologi per il battito cardiaco, visori di realtà virtuale (come se non esistesse già una realtà in cui sei immerso nel momento in cui vieni concepito), strumenti per misurare il sonno (come se non ti bastasse ascoltare il tuo corpo per sapere se sei stanco o meno), e via dicendo.

Un esempio moderno di questo completo decadimento e corruzione dello spirito è l'aver accettato "Alexa", la perfetta incarnazione del

"Grande Fratello" di Orwell, che tutto vede e tutto sente.

"Ma no, non ti sente. Ti risponde solo se la chiami".

E tu mi crederesti se ti dicessi che un morto ha risposto alle mie domande rivoltegli? Un morto ha solo un modo per rispondere a delle domande: non essere morto.

A onore del vero, "Alexa", si comporta come il 90% delle persone, quindi in modo incosciente. Ritengo, infatti, che installando il chip contenente le conoscenze di "Alexa" in un corpo umano ospitante, potrebbe performare ancora meglio dell'umano stesso. O, comunque, allo stesso modo. Preoccupante. Per l'umano in questione.

Come detto, questa è per me un'occasione per avvicinarvi non solo alla verità, ma un'ottima opportunità per consigliarvi delle opere da visionare.

Vorrei riaffermare le mie convinzioni parlando(vi) di un egregio documentario del 2012, "The Never-Ending Man", diretto da Kaku Arakawa (sottolineerei la parola MAN utilizzata - non "machine").

Il documentario in questione gravita attorno la figura di Hayao Miyazaki, co-fondatore dello Studio Ghibli, creatore di opere d'animazioni illustri come 'La Principessa Mononoke', 'La Città Incantata' o 'Porco Rosso', che chiaramente ne promuovo la visione.

Miyazaki decide di creare un piccolo cortometraggio animato, prima di abbandonare definitivamente la sua carriera (una decisione che non si attuerà in quella circostanza, anzi, realizzerà anni dopo un bellissimo film chiamato 'Il ragazzo e L'Airone', 2023).

Dopo aver disegnato e definito soggetto e trama, decide di affidare l'animazione del cortometraggio allo Studio Ghibli. Tuttavia, qui gli viene proposta un'idea alquanto controversa. Alcuni membri dello Studio Ghibli gli mostrano come l'intelligenza artificiale potrebbe "animare" la sua creazione, suscitando in lui una reazione di sdegno. Inutile descrivere in che modo espresse il suo disappunto, ma arrivò ad una conclusione che io stesso vorrei ribadire:

"L'Uomo ha perso fiducia in sé stesso".

CAPITOLO VI

SCINTILLA DIVINA

Concludo questo breve saggio con un messaggio di speranza, per chi è un creativo e per chi non lo è.

Non verrete MAI sostituiti dalle macchine. L'intelligenza artificiale, un ossimoro di per sé, non può inventare nulla di nuovo.

In ambito creativo, ciò che fa (anzi, ciò che le permettiamo di fare) è considerare i vostri input, prendere tutti i dati di cui è a "conoscenza", mescolarli e produrre un output.

In ambito non creativo, il discorso è il medesimo. Per lo stesso motivo, una macchina, non può, come detto, inventare nulla. Non può sviluppare una formula per viaggiare su un pianeta, non può scoprire una cura per una malattia e non può creare una composizione artistica senza attingere a immagini preesistenti, che, inutile dirlo, sono frutto dell'ingegno umano.

Proprio per questo, non la vedremo mai fondare un movimento artistico, come il fauvismo, il neoclassicismo, il suprematismo, il dadaismo e così via.

Quindi, la macchina possiede una potenza di calcolo eccezionale, decisamente superiore alla nostra, ma è priva di inventiva. Questo perché ogni calcolo si basa sui dati disponibili, come nel caso del calcolo della radice quadrata di un numero molto grande o del conteggio degli incidenti avvenuti a New York negli ultimi mesi.

Gli esempi sono infiniti.

Ben ragionandoci sopra, però, queste deduzioni mi portano a una e inevitabile, tragicomica conclusione.

L'intelligenza artificiale non esiste.

Appurato che non risiede intelligenza in un macchinario, in cosa risiederebbe, quindi, la differenza tra un macchinario contemporaneo e un macchinario di qualche anno o decenni fa?

Non esiste alcuna differenza.

Poniamo fine a questa scialba diatriba, ora.

Come ho detto prima, il progresso è rivolto all'umanità, non all'obliterazione di essa. Un robot, però, non dispone di umanità, quindi non può progredire.

Se uno spremiagrumi contemporaneo risulta più efficiente di uno di qualche decina di anni fa, non è merito dello spremiagrumi, ma dell'uomo che ha apportato gli aggiustamenti necessari per migliorare l'oggetto in questione.

L'uomo genera un sistema per meglio far funzionare le lame, lo applica (input) e la macchina lo esegue (output).

In cosa sarebbe stata intelligente la macchina?

Di nuovo.

NON ESISTE INTELLIGENZA DOVE NON RISIEDE COSCIENZA.

Abbiamo quindi delineato dei punti forti della macchina in questione, come la potenza di calcolo che le permette di mostrarci la strada sul navigatore.

Ma ciò non è nulla che anche l'uomo non potrebbe fare. Dimenticate forse le cartine che si utilizzavano prima dell'avvento del "tom-tom"?

Quindi noi possiamo delineare la limitatezza di una macchina, ma come puoi circoscrivere l'inventiva dell'uomo?

La creatività non si può misurare, calcolare né estrarre da nulla. È innata, una costruzione personale formata da flussi di coscienza e conoscenza invisibili persino alla macchina più avanzata.

E io non ho paura di essere sostituito da una macchina.

Sono un Uomo, un essere umano.

Possiedo la scintilla divina di cui la macchina non potrà mai godere.

CAPITOLO VII (EXTRA)

VIBRAZIONI NEBULOSE

Il miglior metodo per rappresentare uno stato dello spirito è lasciarlo fluire senza vincoli nelle forme. Infatti, nella nostra mente, questi sentimenti appaiono come formazioni stellari, esplosioni di colore e vibrazioni nebulose.

Definiremmo il tutto come una costellazione astratta.

Il sentimento è definito, ma la sua rappresentazione "plastica" difficilmente lo sarà - a meno che non si desideri rischiare di cadere in un banale figurativismo del corpo umano.

Ed è proprio per questo che ritengo che l'astrattismo sia la rappresentazione più fedele a ciò che è vero, ciò che è reale.

Un esempio che dimostra vera questa mia tesi è il seguente: Immaginatevi di fronte a un set di pennelli e oggetti, pronti a lasciare il segno su una superficie piatta, bidimensionale, insieme a un secchiello di latta contenente inchiostro.

Se vi chiedessi di lasciare un segno con questi materiali, esso sarebbe l'esatta rappresentazione della vostra attuale condizione;

Se foste tristi o arrabbiati, i segni sarebbero meno ricchi di inchiostro, ma pieni di linee dritte e segni ben definiti, forse punteggiati e concentrati in una superficie limitata.

D'altra parte, se foste felici, i segni sarebbero più morbidi, rotondi, a forma di virgola, ritrovandosi e l'inchiostro sarebbe utilizzato con parsimonia su tutta la superficie disponibile.

Non è possibile definire una sensazione, quindi dobbiamo permettere che essa si definisca da sola.

I colori portano con sé sentimenti primordiali, innati. Il movimento è strettamente collegato all'emozione in questione.

Le forze centrifughe e centripete presenti in esse sono accentuate dal colore e inevitabilmente coesistono e risuonano dentro di noi.

L'arte astratta è astratta solo nella sua rappresentazione, non nella sua intenzione.

Non nella sua natura.

www.ingramcontent.com/pod-product-compliance
Lightning Source LLC
Chambersburg PA
CBHW050245230526
45470CB00005B/2114